LÉGISLATION

RÉSULTANT DE LA

PROROGATION DU PRIVILÈGE

DE LA

BANQUE DE FRANCE

LOI du 17 Novembre 1897

LÉGISLATION

PROROGATION DU PRIVILÈGE

BANQUE DE FRANCE

LOI du 17 Novembre 1897

PARIS

IMPRIMÉ A LA BANQUE DE FRANCE

—

1898

LOI DU 17 NOVEMBRE 1897

PROROGATION DU PRIVILÈGE

DE LA

BANQUE DE FRANCE

ARTICLE PREMIER.

Le privilège concédé à la Banque de France par les lois des 24 Germinal an XI, 22 Avril 1806, 30 Juin 1840 et 9 Juin 1857, dont la durée expirait le 31 Décembre 1897, est prorogé de vingt-trois ans et ne prendra fin que le 31 Décembre 1920.

Néanmoins une loi votée par les deux Chambres dans le cours de l'année 1911 pourra faire cesser le privilège à la date du 31 Décembre 1912.

ART. 2.

Le 1º de l'article 9 des statuts fondamentaux de la Banque, établis par le Décret du 16 Janvier 1808, est modifié ainsi qu'il suit :

Les opérations de la Banque consistent :

1º A escompter à toutes personnes des lettres de change et autres effets de commerce à ordre, à des échéances déterminées qui ne pourront excéder trois mois, et souscrits par des commerçants, par des syndicats agricoles ou autres et par toutes autres personnes notoirement solvables.

Art. 3.

Les fonctions de Gouverneur et de Sous-Gouverneur de la Banque de France sont incompatibles avec le mandat législatif.

Art. 4.

L'article 19 de la loi du 22 Avril 1806 est complété par l'adjonction, après le deuxième paragraphe, d'un paragraphe ainsi conçu :

« *Ces agents devront être Français.* »

Art. 5.

A partir du 1er Janvier 1897, et jusques et y compris l'année 1920, la Banque versera à l'État, chaque année et par semestre, une redevance égale au produit du huitième du taux de l'escompte par le chiffre de la circulation productive, sans qu'elle puisse jamais être inférieure à 2 millions (2.000.000).

Pour la fixation de cette redevance, la moyenne annuelle de la circulation productive sera calculée telle qu'elle est déterminée pour l'application de la loi du 13 Juin 1878.

Le premier payement semestriel sera exigible quinze jours après l'expiration du semestre dans lequel la loi aura été promulguée. Les autres payements s'effectueront le 15 Janvier et le 15 Juillet de chaque année, le dernier devant avoir lieu le 15 Janvier 1921.

Art. 6.

L'avance de 60 millions consentie par la Banque à l'État en vertu du traité du 10 Juin 1857 moyennant un intérêt de 3 % et l'avance de 80 millions consentie par la Banque à l'État en vertu du traité du 29 Mars 1878, approuvé par la loi du 13 Juin 1878, moyennant un intérêt de 1 %, cesseront de porter intérêt à partir du 1er Janvier 1896.

La Banque ne pourra réclamer le remboursement de tout ou partie de ces avances pendant toute la durée de son privilège.

Art. 7.

Est approuvée la convention du 31 Octobre 1896, en vertu de laquelle, indépendamment des 140 millions spécifiés à l'article 6, la Banque s'engage à mettre à la disposition de l'État, sans intérêt et pour toute la durée de son privilège, une nouvelle avance de quarante millions (40.000.000) de francs.

Cette convention est dispensée des droits de timbre et d'enregistrement.

Art. 8.

La Banque payera gratuitement, concurremment avec les Caisses publiques, pour le compte du Trésor, les coupons au porteur des rentes françaises et des valeurs du Trésor français qui seront présentés à ses guichets, tant à Paris que dans ses Succursales et Bureaux auxiliaires.

Art. 9.

La Banque devra, sur la demande du Ministre des Finances, ouvrir gratuitement ses guichets à l'émission des rentes françaises et valeurs du Trésor français.

Art. 10.

Les comptables du Trésor pourront opérer, dans les Bureaux auxiliaires comme dans les Succursales, des versements ou des prélèvements au compte-courant du Trésor.

Dans les villes rattachées, la Banque devra faire opérer gratuitement, à toutes les échéances, le recouvrement des traites tirées sur les comptables du Trésor par d'autres comptables du Trésor, ainsi que celui des traites des redevables de revenus publics à l'ordre des comptables du Trésor.

ART. 11.

Dans un délai de deux ans à partir de la promulgation de la présente loi, le nombre des Succursales sera porté de quatre-vingt-quatorze à cent douze par la transformation de dix-huit Bureaux auxiliaires en Succursales.

En outre, il sera créé une Succursale dans chacun des chefs-lieux de département qui n'en possèdent pas.

Les Bureaux auxiliaires non transformés en Succursales seront maintenus.

En outre, il sera créé trente nouveaux Bureaux auxiliaires.

Les établissements et les services institués par le présent article fonctionneront dans le délai maximum de deux ans à dater de la promulgation de la présente loi.

Indépendamment des créations stipulées ci-dessus, la Banque créera, à partir de 1900, au moins un Bureau auxiliaire nouveau chaque année, jusqu'à concurrence de quinze. Les localités dans lesquelles ces bureaux devront être établis seront déterminées, d'un commun accord, par le Ministre des Finances et la Banque de France.

ART. 12.

Lorsque les circonstances exigeront l'élévation du taux de l'escompte ou de l'intérêt des avances au-dessus de 5 %, les produits qui en résulteront pour la Banque seront déduits des sommes annuellement partageables entre les actionnaires ; un quart sera ajouté au fonds social, et le surplus reviendra à l'État.

ART. 13.

Le chiffre des émissions des billets de la Banque de France et de ses Succursales, fixé au maximum de 4 milliards, est élevé à 5 milliards.

Art. 14.

Le cours légal d'un type déterminé de billets pourra, sur la demande de la Banque, être supprimé par décret, la Banque restant d'ailleurs toujours tenue d'en opérer le remboursement à vue et en espèces, tant à son Siège central à Paris que dans ses Succursales et Bureaux auxiliaires.

En dehors des conditions prévues par le paragraphe premier du présent article, le cours légal des billets ne peut être supprimé que par une loi.

Art. 15.

La Banque de France versera au Trésor public, dans le mois qui suivra la promulgation de la présente loi, une somme représentant la valeur des billets de banque de tous les anciens types à impression noire qui n'auront pas été présentés au remboursement.

Ces billets seront, en conséquence, retranchés du montant de la circulation, le Trésor prenant à sa charge le remboursement desdits billets qui pourraient être ultérieurement présentés aux guichets de la Banque.

Jusqu'à l'expiration de son privilège, ou tout au moins jusqu'à une prorogation nouvelle, si elle intervient avant 1920, la Banque restera en possession du montant des billets autres que ceux qui sont mentionnés au paragraphe précédent et dont le remboursement ne lui aura pas été demandé.

Art. 16.

La Banque sera tenue de trébucher, dans les encaisses de ses Succursales et Bureaux auxiliaires, et de transporter à ses frais, à l'Hôtel des Monnaies, les pièces d'or légères dont le Ministre aura prescrit la réfection. Les pièces neuves seront remises à la Banque, à son Siège social.

Art. 17.

Est approuvée la convention du 31 Octobre 1896 réglant les rapports de l'État et de la Banque de France en ce qui concerne l'exécution de la convention monétaire conclue les 6 Novembre et 12 Décembre 1885 entre la France, la Belgique, la Grèce, l'Italie et la Suisse.

Cette convention est dispensée des droits de timbre et d'enregistrement.

Art. 18.

Les sommes versées par la Banque par application des articles 5 et 7 seront réservées et portées à un compte spécial du Trésor, jusqu'à ce qu'une loi ait établi les conditions de création et de fonctionnement d'un ou de plusieurs établissements de crédit agricole.

La présente loi, délibérée et adoptée par le Sénat et par la Chambre des Députés, sera exécutée comme loi de l'État.

Fait à Paris, le 17 Novembre 1897.

Félix FAURE.

Par le Président de la République :
Le Ministre des Finances,
Georges COCHERY.

Convention relative à une nouvelle avance de 40 millions à faire au Trésor.

Entre M. GEORGES COCHERY, Député,
Ministre des Finances, agissant en cette qualité,

d'une part;

et M. JOSEPH MAGNIN, Vice-Président du Sénat,
Gouverneur de la Banque de France, autorisé par une
délibération du Conseil général de ladite Banque en date
du 22 Octobre 1896.

d'autre part;

Il a été convenu ce qui suit :

ARTICLE PREMIER.

Indépendamment de l'avance de 140 millions résultant des traités des 10 Juin 1857 et 29 Mars 1878, la Banque de France s'engage à partir de la promulgation de la loi portant renouvellement de son privilège, à fournir au Trésor public, au fur et à mesure des autorisations législatives à intervenir, une nouvelle avance qui pourra s'élever à quarante millions de francs. Cette avance est consentie pour la durée du privilège de la Banque ; elle ne portera pas intérêt.

ART. 2.

Les Bons du Trésor qui seront remis à la Banque de France en garantie des sommes mentionnées à l'article précédent seront à l'échéance du 31 Décembre 1920.

ART. 3.

La présente convention ne sera exécutoire qu'autant

qu'elle aura été approuvée par la loi portant renouvellement du privilège de la Banque.

ART. 4.

La présente convention est dispensée des droits de
timbre et d'enregistrement.

*Fait double à Paris, le trente et un Octobre mil huit
cent quatre-vingt seize.*

Lu et Approuvé :   Lu et Approuvé :
Signé : GEORGES COCHERY.   *Signé* : J. MAGNIN.

NOTA. — Par suite de l'addition de la clause résolutoire à l'article
premier du projet de loi, le Gouvernement s'est mis d'accord avec la
Banque pour substituer la date du 31 décembre 1912 à celle du
31 décembre 1920.

Convention relative à l'exécution
des conventions monétaires
des 6 Novembre et 12 Décembre 1885.

Entre M. Georges Cochery, *Député,*
Ministre des Finances, agissant en cette qualité,

d'une part;

et M. Joseph Magnin, *Vice-Président du Sénat,*
Gouverneur de la Banque de France, autorisé par une
délibération du Conseil général de ladite Banque en date
du 22 Octobre 1896.

d'autre part;

Il a été convenu ce qui suit :

Article premier.

La Banque de France s'engage à exécuter, pendant
un délai de cinq ans, à partir du 1ᵉʳ Janvier 1898, l'engagement pris dans sa lettre du 2 Novembre 1885, annexée
à la convention du 6 Novembre suivant, sans que la
Banque soit liée au delà de ce terme par l'application de
la clause de tacite reconduction prévue au paragraphe 2
de l'article 13 de ladite convention.

En cas de dénonciation par un des États contractants,
cet engagement cesserait d'avoir son effet à dater du
1ᵉʳ Octobre qui suivra l'expiration de la convention;
mais en ce cas, la Banque s'engage à conserver provisoi-
rement les pièces étrangères de 5 francs en argent qu'elle
aurait en caisse et à n'en exiger le remboursement du
Trésor français qu'au fur et à mesure que le montant en
sera versé à celui-ci par les puissances contractantes.

Art. 2.

Le remboursement par le Trésor à la Banque de l'intégralité des pièces de 5 francs étrangères dont elle serait détentrice devra être terminé dans un délai maximum de cinq ans à partir du jour de l'expiration de la convention, même si, à ce moment, le Trésor français n'a pas reçu des puissances étrangères l'intégralité des sommes qu'elles auraient dû verser.

Art. 3.

Les intérêts bonifiés par les puissances étrangères, sur le montant des sommes à rembourser (1 % par an, pendant les deuxième, troisième et quatrième année, et 1 1/2 % pendant la cinquième année) seront acquis à la Banque.

Art. 4.

La présente convention est exempte des droits de timbre et d'enregistrement.

Fait double à Paris, le trente et un Octobre, mil huit cent quatre-vingt seize.

Lu et Approuvé :
Signé : Georges COCHERY.

Lu et Approuvé :
Signé : J. MAGNIN.

Lettre adressée par le Gouverneur de la Banque de France au Ministre des Finances relativement aux modifications que la Banque apportera à ses réglements intérieurs.

Paris, le 31 Octobre 1896.

MONSIEUR LE MINISTRE,

J'ai l'honneur de vous informer que la Banque de France, en dehors des obligations qu'elle a acceptées, et qui sont inscrites dans le projet de loi relatif au renouvellement du privilège dont elle est investie, projet que vous vous proposez de déposer sur le bureau du Parlement, apportera, après le vote de la loi, les modifications suivantes dans ses réglements intérieurs :

1° Elle portera de cinq à dix jours le délai pendant lequel les virements indirects pourront être effectués gratuitement;

2° Elle réduira de moitié, soit 0 fr. 25 pour mille, la commission sur les billets à ordre, sur les chèques indirects et sur les Virements échangés entre Paris et ses comptoirs des départements, de même qu'entre ceux-ci et son Siège central;

3° Elle abaissera à 5 francs, pour le papier sur place, et à 10 francs, pour le papier déplacé, la limite d'admission des effets à l'escompte;

4° Elle augmentera, dans une mesure à apprécier par elle, suivant la solvabilité des obligés, la proportion du papier à deux signatures à escompter pour une valeur de titres déposés en garantie d'escompte;

5° Elle se chargera, sur l'ordre écrit qui lui sera donné par ses déposants de titres, de capitaliser les arrérages des rentes françaises confiées à sa garde, en achetant, pour leur compte, des fonds publics français, au comptant ;

6° Elle escomptera, dans ses succursales, le papier, tous les jours ouvrables ;

7° Elle encaissera, à toutes les échéances du mois, le papier payable dans ses villes rattachées ;

8° Elle organisera son service d'encaissement dans soixante nouvelles villes rattachées qu'elle choisira ;

9° Elle effectuera, à ses frais, entre ses diverses succursales et bureaux auxiliaires et son Siège central, les transports de monnaies divisionnaires disponibles dans ses caisses, qui lui seront demandés par le Ministre, pour l'alimentation des caisses des comptables du Trésor ;

10° Elle continuera à recevoir, dans toutes ses succursales, aux conditions déterminées par elle, les dépôts libres de titres ;

11° Elle réservera dans chaque succursale, une place d'administrateur à un représentant des intérêts agricoles.

Veuillez agréer, Monsieur le Ministre, l'assurance de ma haute considération et de mes sentiments dévoués.

Le Vice-Président du Sénat,
Gouverneur de la Banque de France,

Signé : J. MAGNIN.

Paris, le 14 Janvier 1897.

MONSIEUR LE MINISTRE,

Vous m'avez entretenu du désir exprimé par la Commission chargée de l'examen du projet de loi de renouvellement du privilège de la Banque de France de voir abaisser à 5 francs, et non à 10 francs ainsi qu'il était dit dans la lettre que je vous ai adressée, à la date du 31 Octobre dernier, la limite d'admission à l'escompte du papier déplacé.

J'ai l'honneur de vous informer que le Conseil général de la Banque m'a autorisé à déférer à cette demande. En conséquence, après le vote de la loi, les effets déplacés seront admis à l'escompte à partir de 5 francs.

Veuillez agréer, Monsieur le Ministre, l'assurance de ma haute considération et de mes sentiments dévoués.

Le Vice-Président du Sénat,
Gouverneur de la Banque de France,

Signé : J. MAGNIN.

9 782019 633356